Sabine Darboven

Pocket-Ratgeber Schule 5

W0069927

Werkstattunterricht in der Grundschule

Verlag an der Ruhr

Impressum

Titel
Pocket-Ratgeber Schule
Werkstattunterricht in der Grundschule

Autorin
Sabine Darboven

Titelbildmotiv
Lizzie Roberts | lizzieroberts.com

Verlag an der Ruhr
Mülheim an der Ruhr
www.verlagruhr.de

Geeignet für die Klassen 1–4

Unser Beitrag zum Umweltschutz
Wir sind seit 2008 ein ÖKOPROFIT®-Betrieb und setzen uns damit aktiv für den Umweltschutz ein. Das ÖKOPROFIT®-Projekt unterstützt Betriebe dabei, die Umwelt durch nachhaltiges Wirtschaften zu entlasten.
Unsere Produkte sind grundsätzlich auf chlorfrei gebleichtes und nach Umweltschutzstandards zertifiziertes Papier gedruckt.

Ihr Beitrag zum Schutz des Urhebers
Das Werk und seine Teile sind urheberrechtlich geschützt. Jede Verwendung in anderen als den gesetzlich zugelassenen Fällen bedarf der vorherigen schriftlichen Einwilligung des Verlages. Der Verlag untersagt ausdrücklich das digitale Speichern und Zurverfügungstellen dieses Buches oder einzelner Teile davon im Intranet (das gilt auch für Intranets von Schulen und Kindertagesstätten), per E-Mail, Internet oder sonstigen elektronischen Medien. Kein Verleih. Zuwiderhandlungen werden zivil- und strafrechtlich verfolgt.

© Verlag an der Ruhr 2011
ISBN 978-3-8346-0761-4

Printed in Germany

Inhaltsverzeichnis

Vorwort

Der Lehrer steht meistens im Zentrum, und damit allen im Wege.

Johannes Wittmann

28 Kinder einer 1. Grundschulklasse, die ich im Fach Deutsch unterrichten soll. 28 Persönlichkeiten, 28-mal unterschiedliche Lernvoraussetzungen, Vorerfahrungen, Charaktere, Lerntypen und soziale Hintergründe. 28-mal die Frage: *„Wie kann ich dich fördern, fordern, dich in der freien Entfaltung deiner Persönlichkeit unterstützen, ohne dass ich dir dabei im Wege stehe?"*

Es gibt verbindliche Vorgaben, das Grundgesetz, die Schulgesetze der Bundesländer, den Erlass für die Arbeit in der Grundschule, die Kerncurricula und den schulinternen Arbeitsplan. Es gibt Erkenntnisse bezüglich unserer gesellschaftlichen Entwicklung aus dem Bereich der Soziologie und den Wirtschaftswissenschaften sowie Erkenntnisse aus der Neurologie, Psychologie und Pädagogik, wie das Lernen funktioniert.

Es gibt die Wünsche, Erwartungen, Emotionen, Motivationen und Interessen der Schüler und ihrer Eltern.

Des Weiteren gibt es meine Suche nach einer Form offenen Unterrichts, die all das weitestgehend miteinander verbindet, und meine Vision von Lernfreude, die Leistungsbereitschaft und Handlungsfähigkeit nicht ausschließt, sondern stärkt und bestätigt.

An dieser Stelle möchte ich den Kindern der Grundschule am Sachsenhain in Verden und den Kindern meiner Klasse in der Grundschule Tostedt danken, die mich mit ihrer Lernfreude, Neugier und Ehrlichkeit immer wieder gefordert haben, nach neuen Wegen zu suchen.

Ich danke meinen Kolleginnen und Kollegen für ihr Vertrauen, ihre Unterstützung, ihr Fachwissen und ihre Diskussionsbereitschaft über offene Unterrichtsformen und nicht zuletzt Dr. Falko Peschel für seine Ideen.

Sabine Darboven

☑ Warum soll ich offen
  unterrichten?

☑ Was ist offener Unterricht?

☑ Können das meine Schüler
  auch?

Warum soll ich offen unterrichten?

„Nicht was der Zeit widersteht, ist dauerhaft, sondern was sich klugerweise mit ihr ändert."

unbekannter Verfasser

Der Wandel von der Industriegesellschaft zur Wissensgesellschaft ist nicht aufzuhalten. Was aber bedeutet dies nun für meine Arbeit als Lehrerin? Was müssen die Kinder, die zukünftigen Erwachsenen, heute lernen bzw. wissen, um sich morgen an der Gesellschaft umfassend beteiligen zu können?

Schüler sind dann kompetent, wenn sie auf vorhandenes Wissen zurückgreifen können und die Fähigkeit besitzen, sich erforderliches Wissen selbstständig zu beschaffen.
Die Bedeutung inhaltlichen domainspezifischen Wissens nimmt ab, die Bedeutung von Kompetenzen im Umgang mit Wissen nimmt zu.

- **Kinder sollen also zu selbstständigen, eigenverantwortlichen und erfolgreichen Lernern werden.**

Dazu sind unterschiedliche Unterrichtskonzepte und Methoden entwickelt worden, um Kinder in der Entwicklung ihrer Persönlichkeit zu unterstützen und individuelles Lernen zu ermöglichen.

In der Pädagogik werden zunehmend offene Unterrichtsformen als mögliche Antwort auf die Frage nach einem individualisierten Unterricht thematisiert.

Dabei gibt es keine allgemein gültige Definition von offenem Unterricht. Vielmehr gibt es unterschiedliche Konzepte, wie die Stationsarbeit, Wochenplanarbeit, Projektarbeit, freie Arbeit. Immer häufiger wird auch in diesem Zusammenhang vom Werkstattunterricht gesprochen.

Alle Konzepte haben gemeinsam, dass sie das Kind mit der freien Entfaltung seiner Persönlichkeit in den Mittelpunkt stellen und dass sie die Verantwortung für das Lernen mit dem Kind und dessen Eltern teilen.

Allen gemeinsam ist auch, dass sie Lernangebote und Lernumgebungen schaffen, aus denen die Kinder selbstständig wählen können.

Offener Unterricht fördert somit die Eigenverantwortung und Selbstständigkeit der Schüler. Eigenschaften, deren Mangel immer mehr Ausbilder, Dozenten und Professoren beklagen.

Der Grad der Öffnung des Unterrichts hängt davon ab, inwieweit die Kinder über Zeit, Ort, Sozialform, Methodik und Inhalt frei entscheiden können.

Oftmals findet lediglich eine Verschiebung von der Lehrerorientierung zur Materialorientierung statt und ermöglicht den Kindern nur eine freie Wahl in puncto Zeit, Ort und Sozialform. In diesem Zusammenhang spricht man dann von einem geöffneten Unterricht.

■ **Um offen unterrichten zu können, braucht man zunächst eines: Vertrauen in die Kinder. Kinder wollen lernen!**

Ein weiteres Argument für den offenen Unterricht sind die Erkenntnisse der Neurodidaktik, die erklären, wie nachhaltiges Lernen bei uns Menschen funktioniert.
Der Schlüssel ist die **persönliche Bedeutsamkeit,** d.h., es muss für den Lernenden einen **Sinn** haben, warum er es lernen will. Außerdem muss es sich um eine **Neuigkeit** handeln. Wir Menschen sind gierig nach Neuem.

Das beste Beispiel für die persönliche Bedeutsamkeit, den Sinn und die Neugier sind für mich diese Sammel-Karten (Fantasy-, Auto-, Dinosaurierkarten etc.) mit den komplizierten Namen, die jedes Kind in Kürze auswendig lernt.

Was aber ist für das einzelne Kind bedeutsam, und was macht es neugierig?
Diese Frage kann nur von jedem Kind selbst beantwortet werden und ist ein Argument dafür, dass der Unterricht schülerorientiert gestaltet werden muss.

Der offene Unterricht ermöglicht den Kindern, zu entdecken, wo ihre Stärken, Interessen und Fähigkeiten liegen und woran wir noch arbeiten müssen, um erfolgreich zu sein.

Als Lehrer bedeutet es, die Angst vor dem Kontrollverlust zu überwinden.
Die größten Sorgen und Ängste bereiten Lehrern und Eltern, dass die Kinder nun machen könnten, was sie wollen, dass Chaos regiert und die Kinder nichts lernen.

Im Folgenden werde ich aufzeigen, wie man mit einem **strukturierten und organisierten Werkstattunterricht** und den geeigneten diagnostischen Instrumenten einen qualitativ hochwertigen und für Kinder und Lehrkraft gleichermaßen interessanten Unterricht gestalten kann.

- Kinder müssen lernen, sich selbstständig erforderliches Wissen zu beschaffen, um sich umfassend an der Gesellschaft von Morgen beteiligen zu können.

- Dazu müssen Kinder zu selbstständigen, eigenverantwortlichen und erfolgreichen Lernern werden.

- Haben Sie Vertrauen in Ihre Schüler. Haben Sie keine Angst vor Kontrollverlust.

- Kinder wollen lernen!

- Nachhaltiges Lernen erfolgt nur, wenn Inhalte für das Kind persönlich bedeutsam sind und seine Neugier wecken.

- Es gibt keine allgemein gültige Definition offenen Unterrichts, vielmehr unterschiedliche pädagogische Konzepte, wie Stationsarbeit, Wochenplanarbeit, Projektarbeit, freie Arbeit und den Werkstattunterricht.

☑ Was ist Werkstattunterricht?

☑ Woher kommt der
Werkstattunterricht?

☑ Welche Grundformen gibt es?

Was ist Werkstattunterricht?

Der Raum ist der dritte Erzieher!

(Prinzip aus der Reggiopädagogik)

■ **Eine Lernwerkstatt ist eine gestaltete Lernumgebung, in der Schülern zu einem bestimmten Thema oder fächerübergreifend ein vielfältiges Arrangement von Lernsituationen und Lernmaterialien für Einzel-, Partner- oder Gruppenarbeit zur Verfügung gestellt wird.**

Die Lernangebote lassen sich in der Regel im Selbststudium nutzen und ermöglichen dem Schüler eine freie Wahl der Aufgabe, der Aufgabenfolge, eine selbstständige Zeiteinteilung und die Selbstkontrolle seiner Arbeit.
Verschiedene Arbeitsplätze mit wenig verpflichtenden und vielen freiwilligen Lernangeboten werden von der Lehrkraft vorbereitet und eingerichtet.
Es besteht jedoch auch die Möglichkeit, die Schüler an der Planung und Gestaltung zu beteiligen.

■ **Die Lehrkraft wird zum Berater, Moderator und Helfer, welcher die individuellen Lernprozesse der Schüler anregt und begleitet.**

Eine zeitliche Begrenzung des Werkstattunterrichts kann sehr unterschiedlich gestaltet werden.
Eine Werkstatt kann sich über zwei bis fünf Wochen erstrecken, in denen etwa wöchentlich zwei bis vier Stunden Unterrichtszeit vorzusehen sind. Sie kann jedoch auch als **durchgängiges Unterrichtsprinzip** umgesetzt werden.

Aus diesem Grunde wird der Werkstattunterricht zunehmend als mögliche Antwort auf die Frage nach einem individualisierten und somit einem geöffneten bzw. offenen Unterricht thematisiert.

Dabei ist die Idee des Werkstattunterrichts nicht neu, sondern hat seine Wurzeln in der Reformpädagogik. Bereits zu Beginn des letzten Jahrhunderts erkannten Pädagogen, wie Célestin Freinet oder Maria Montessori, die Wichtigkeit des selbstständigen, eigenverantwortlichen, sinnvollen und somit erfolgreichen Lernens.

Ende der 1970er-Jahre wurde der Werkstattunterricht fast zeitgleich von Käthi Zürcher, Franz Schär und Jürgen Reichen in der Schweiz konzipiert. Vor allem Jürgen Reichen hat den Werkstattunterricht zu der heute vorzufindenden Form weiterentwickelt und bekannt gemacht.
In den letzten Jahrzehnten bildeten sich unterschiedliche Formen des Werkstattunterrichts heraus.

Welche Grundformen des Werkstattunterrichts gibt es?

Im regulären Schulunterricht unterscheidet man zwei Grundformen: zum einen die themenorientierte Werkstatt, zum anderen die offene Werkstatt.

Die themenorientierte Werkstatt

Die themenorientierte Werkstatt orientiert sich in der Regel an den curricularen Vorgaben der Fächer (z.B. „Die Märchen-Werkstatt" oder „Die Luft-Werkstatt") und beinhaltet ein breites Lernangebot, das durch die Lehrkraft didaktisch so aufbereitet ist, dass Schüler …

- die Aufgaben selbstständig bearbeiten und kontrollieren können,
- das Anspruchsniveau möglichst sofort erkennen,
- ihre eigenen Fähigkeiten und Fertigkeiten entdecken können,
- unterschiedliche Sinne, Lernformen und Arbeitstechniken einsetzen können,
- die Aufgaben als erreichbar ansehen und ohne fremde Hilfe lösen können und
- ihre Erkenntnisse dokumentieren und präsentieren können.

Des Weiteren gibt es in dieser Werkstattform ein Fundamentum, welches es von allen Schülern zu bearbeiten gilt, und ein Additum, welches individuelle Zugänge, Interessen sowie Fördermöglichkeiten berücksichtigt.

Wichtig dabei ist, dass die Werkstatt …

- übersichtlich und sachlogisch strukturiert ist,
- den verschiedenen Lerntypen gerecht wird,
- einen hohen Anreiz und Neuigkeitsgehalt beinhaltet,
- soziale Lernformen berücksichtigt und
- Gegenwarts- und Zukunftsbedeutung beinhaltet.

Die offene Werkstatt

Im Gegensatz zur themenorientierten Werkstatt, welche sich vorwiegend auf ein Teilgebiet eines Faches konzentriert und ein „unterrichtsmethodisches Highlight" ist, wird die offene Werkstatt als ein richtlinienadäquates, durchgängiges und dauerhaft umzusetzendes Arbeitsprinzip verstanden.

Dabei soll/sollen …

- sich Schüler mit eigenen Ideen an der Werkstatt beteiligen,
- ein echter Bezug zur Lebenswirklichkeit gegeben sein,

- die Werkstatt zieladäquat einen erkennbaren roten Faden haben,
- die Werkstatt nicht fachlich einseitig angelegt sein, sondern einen interdisziplinären Unterricht ermöglichen,
- fächerübergreifende Komponenten echt integriert und nicht konstruiert sein,
- auch handlungsorientierte Komponenten berücksichtigt werden, nicht nur Arbeitsblätter,
- das Material kindgerecht und leicht zu beschaffen sein,
- die Werkstatt wirklich anspruchsvolle Aufgaben beinhalten und nicht nur reproduktive Übungen,
- die Aufträge Gestaltungsmöglichkeiten zulassen und nicht alles vorgeben,
- die Werkstatt nicht nur verpflichtende Angebote beinhalten, sondern auch offene, freiwillige Zusatzangebote,
- vielfältige Sozial- und Arbeitsformen berücksichtigt werden und
- auf Dauer eine Auswahlmöglichkeit durch ein Überangebot vorhanden sein.

☑ Wie organisiere ich eine themenorientierte Werkstatt?

☑ Welche Vorteile und Grenzen hat eine themenorientierte Werkstatt?

Wie organisiere ich eine themenorientierte Werkstatt?

„Das meiste Lernen resultiert nicht aus Unterricht. Es ist vielmehr das Resultat der ungehinderten Teilnahme in relevanter Umgebung."

Ivan Illich

Für welchen Typ von Werkstattunterricht Sie sich entscheiden, hängt davon ab, welche Ansprüche und Ziele für Sie im Vordergrund stehen.

Die **Erfahrungswerkstatt** ermöglicht den Kindern, sich ein neues Thema anhand von Situationen, Experimenten, Beobachtungsaufgaben und Spielen zu erarbeiten, und schafft so subjektive Erlebnisse und neue Erfahrungen. Eine Erfahrungswerkstatt eignet sich gut für Sachunterrichtsthemen (z.B. Luft-, Wasser- und Feuer-Experimente).

Die Kinder können ihre Erfahrungen und Ergebnisse dokumentieren und später im Plenum vortragen. Gemeinsam werden dann die Ergebnisse auf Plakaten, Werkstattbüchern etc. festgehalten.

Die **Fertigkeitswerkstatt** richtet sich im Gegensatz dazu weniger auf das Erleben und Verstehen, sondern vielmehr auf das Üben und Anwenden von bereits Gelerntem. Sie wird sachlich bedingt weniger vielfältig ausfallen als eine Erfahrungswerkstatt. Aus diesem Grunde kann sie nur über einen kürzeren Zeitraum genutzt werden (z.B. eine Wortarten-Werkstatt im Deutschunterricht).

Die **unterrichtsbegleitende Werkstatt** wird kurzfristig als Unterstützung eines Lernprozesses, als Methodenvariation oder als freiwillig nutzbares Ergänzungsangebot eingefügt, wenn die Schüler die allgemeinen Aufgaben bereits erledigt haben.
Diese Werkstatt dient hauptsächlich dazu, quantitativ zu differenzieren.

■ **Themenorientierte Werkstätten können in unterschiedlichen Modellen organisiert werden.**

Beim **Büfettmodell** werden in bestimmten Bereichen des Klassenzimmers differenzierte Arbeitsmaterialien (Spiele, LÜK®-Kästen, Arbeitsblätter, Lernprogramme am Computer u.v.m.) bereitgestellt. Alle sind mit entsprechenden Arbeitsaufträgen und Kontrollmöglichkeiten für die Schüler versehen. Sie ermöglichen die Arbeit in unterschiedlichen Sozialformen, sind fachinhaltlich strukturiert und motivierend gestaltet. Lerninhalte sollen von den Schülern selbst erarbeitet und vertieft geübt werden.

Beim **Stationsmodell** wird ein Lernthema in Inhaltsbereiche aufgegliedert. Unteraspekte werden festgelegt, die als Stationen geeignet erscheinen. Daraufhin werden Karten mit Angaben des Themas, der Zielangabe, Arbeitsaufträgen, Materialangabe, Sozialform und Hinweise zur Lernkontrolle an den Stationen verteilt.

Beim gebundenen Stationstraining gehen feste Schülergruppen nach einem festgelegten Zeitabschnitt von Station zu Station. Beim freien Stationstraining suchen sich die Kinder die Stationen, mit denen sie sich nacheinander beschäftigen wollen, selbst aus. Ebenso bilden sie ihre Klein- oder Partnergruppe selbstständig.

Das **Arbeitsplanmodell**, auch als Tagesplan- oder Wochenplanarbeit bekannt, beinhaltet für jedes Kind einen differenzierten Plan mit verpflichtenden Kern- und Wahlaufgaben. Dieser Plan erhält eine Rubrik, in der jedes Kind vermerkt, was es wann und mit wem erledigt hat, den zeitlichen Rahmen und die Form der Lernkontrolle.
Die Sozialform, Zeiteinteilung und Reihenfolge der Aufgabenbearbeitung sind freigestellt.

Welche Vorteile und Grenzen hat eine themenorientierte Werkstatt?

Der themenorientierte Werkstattunterricht lässt sich gut als Fachlehrer realisieren, wenn man nur ein Fach in der Klasse unterrichtet.

Der themenorientierte Werkstattunterricht öffnet den Unterricht in Bezug auf die freie Zeiteinteilung, Reihenfolge der Bearbeitung, Selbstkontrolle der Aufgaben und das Finden geeigneter Lernpartner.

Die Schülerinnen und Schüler können lernen, sich leistungsmäßig selbst zu evaluieren, indem sie den für sie geeigneten Schwierigkeitsgrad der Aufgaben herausfinden.

Vorstrukturierte Werkstätten zu Teilgebieten der Fächer (z.B. „Die Luft-Werkstatt", „Afrika – eine Projekt-Werkstatt" u.v.m.). stellen dabei eine große Arbeitserleichterung dar. Themenorientierte Werkstätten können darüber hinaus einen Einstieg in offene Unterrichtsformen bieten. Sie geben die zu bearbeitenden Inhalte vor und verringern den Anteil des Frontalunterrichts.

Hierbei findet eine Verschiebung von der Lehrerorientierung zur Materialorientierung statt.

Es besteht allerdings die Gefahr, dass die Kinder die Arbeitsblätter nur „abarbeiten" und sich nicht handelnd-entdeckend mit den Themen auseinandersetzen.

Eine Entscheidung darüber, was das Kind inhaltlich interessiert, die Erkenntnis, was es als Nächstes lernen möchte oder was es braucht, um weitere Inhalte zu verstehen, wird den Schülern von der Lehrkraft abgenommen.

Die Schüler sind an der inhaltlichen und methodischen Auswahl der themenorientierten Werkstatt nicht beteiligt.
Werkstattangebote müssen hinsichtlich ihrer qualitativen und quantitativen Differenzierung überprüft und ggf. modifiziert werden.

KAPITEL 3 | AUF EINEN BLICK

- Eine Werkstatt kann als Erfahrungs-, Fertigkeits- und unterrichtsbegleitende Werkstatt organisiert werden.

- Der Aufbau der Werkstatt kann in Form des Büfett-, Stations- oder Arbeitsplanmodells realisiert werden.

- Eine themenorientierte Werkstatt ist eine fachbezogene Werkstatt.

- Fertige Werkstattangebote müssen hinsichtlich ihrer quantitativen und qualitativen Differenzierung modifiziert und der Lerngruppe angepasst werden.

- Die Schüler können über Zeitpunkt, Reihenfolge der Bearbeitung, Ort, geeigneten Lernpartner und ggf. Schwierigkeitsgrad der Aufgabe entscheiden.

Notizen

☑ Wie organisiere ich eine offene Werkstatt?

☑ Welche Vorteile und Grenzen hat eine offene Werkstatt?

☑ Wie bekomme ich die Eltern ins „Werkstatt-Boot"?

Wie organisiere ich eine offene Werkstatt?

Eine offene Werkstatt lässt sich einerseits so organisieren, dass der Lehrer über das Thema und die Auswahl der Angebote entscheidet. Je nach Art der bereitgestellten und obligatorischen Angebote kann der Grad der Offenheit des Unterrichts von der Lehrperson individuell bestimmt werden.

Das Lernen der Schüler kann durch geschlossene Phasen mit Instruktionsunterricht als auch durch offenere Projektphasen ergänzt werden, sodass eine sehr breite Methodenpalette zur Verfügung steht.

Die Organisation einer offenen Werkstatt sollte auch solche Materialien anbieten, die nicht unbedingt zur Lösung bzw. zum Erkenntnisgewinn notwendig sind. So werden Kinder gezwungen, sich über die geeignete Materialauswahl Gedanken zu machen und nicht nur bestimmte Versuchsanordnungen gedankenlos zu kopieren.

Aus diesem Grund müssen wenigstens 20–30 fächerübergreifende Angebote zur Verfügung stehen. Dies ist zwar zeitaufwändig, allerdings kann so eine Werkstatt den Unterricht auch über mehrere Wochen tragen.

■ **Zu den Werkstattangeboten gehören Arbeitsaufträge, Hinweise, Symbole für mögliche Sozialformen und die Verbindlichkeit, die Kontrollform und der Schwierigkeitsgrad.**

Mit der Verwendung von Angebotsplakaten, Laufzetteln und einem Werkstattbuch lässt sich eine offene Werkstatt so organisieren, dass den Kindern ein Überblick über Angebote, Themenbereiche etc. verschafft wird.

Bei umfangreichen Werkstätten empfiehlt es sich, die Angebote nach und nach in den Unterricht einzubringen.

■ **Führen Sie das Expertenprinzip ein: Werkstattangebote werden zunächst von einem Kind bearbeitet, das sich dazu bereiterklärt, dies anderen Kindern anschließend zu erklären.**

Bei Rückfragen wendet es sich an die Lehrkraft. Weiß dieses Kind jetzt gut über die Aufgabe Bescheid, wird es als Experte eingetragen. Die anderen Schüler fragen jetzt nur noch den Experten, sodass die Lehrkraft nur noch bei Rückfragen der Experten eingreifen muss. Dies fördert die Selbstständigkeit der Kinder, verbessert ihre Fähigkeit, Dinge zu beschreiben und zu erklären, und entlastet Sie als Lehrkraft.

Andererseits besteht die Möglichkeit, eine offene Werkstatt so zu organisieren, dass die Kinder von Anfang an mit planen und über das Thema und die Angebote entscheiden können.

Hierzu einigen Sie sich gemeinsam auf ein Thema (dem Lehrplan entsprechend). Die Kinder schreiben mit Ihnen zusammen Fragen auf, die sie besonders interessieren.

So können Sie Lehrplanvorgaben und Schülerinteressen in einem vom Kind mitgesteuerten Unterricht verbinden.

Sie werden erstaunt sein, wie viele und tolle Fragen von den Kindern kommen. Gemeinsam werden die Fragen auf einer großen Stellwand oder Tafel geordnet.

Die Kinder entscheiden sich dann (allein oder in Gruppen), zu diesem Thema ein Werkstattangebot einzurichten. Dazu forschen sie in Bibliotheken (Schul- und Gemeindebibliothek), fragen zu Hause nach, recherchieren im Internet usw.

Die Kinder werden so zu Experten für einen Werkstattbereich und können ihren Mitschülern beratend zur Seite stehen.

Natürlich sollen auch Sie sich einbringen und Werkstattangebote anbieten. Etwas, was sie selbst besonders interessiert oder Ihrer Einschätzung nach noch fehlt. Offene Werkstätten werden so auch für Lehrkräfte interessant. Es ist spannend, immer selbst noch dazulernen zu dürfen.

Sie werden in diesem Moment zum Gastgeber und halten als „Choreograf" das lebendige Geschehen in Gang. Sie sind Moderator und Berater beim Aufbau der Werkstattangebote. Offen zu unterrichten, erfordert Mut, Vertrauen in die Kinder und in sich selbst.

In Werkstatt-Tagebüchern können Fragen und Lösungen eingetragen werden. So bleibt den Kindern auch am Ende der Werkstatt noch ein schönes Endprodukt erhalten.

Welche Vorteile und Grenzen hat eine offene Werkstatt?

In einer von den Schülern mitgeplanten Werkstatt fällt die Notwendigkeit weg, die Aufgaben von außen zu differenzieren, da jedes Kind sich nach seinem Können und Vermögen mit der Aufgabe auseinandersetzt.

Dabei habe ich oft erlebt, wie Kinder weit über ihr von mir angenommenes Leistungsvermögen hinaus gearbeitet haben.

Hilfe erhalten die Kinder bei der Bearbeitung der Angebote immer von den Experten, die vieles oft kindgerechter vermitteln können als Erwachsene. Sie selbst werden durch die Experten entlastet und können sich mehr der Beratung und Diagnostik widmen.

› Offener Werkstattunterricht ist interdisziplinär.
Wird z.B. eine Sachunterrichtswerkstatt von den Kindern selbstständig geplant, müssen sie sicher und zielorientiert lesen, Arbeitsaufträge schreiben, erklären und formulieren. Sie entwerfen Plakate und schreiben in ihre Werkstattbücher Berichte über ihre Erkenntnisse. Dies sind viele Bereiche des Faches Deutsch.

› Offener Werkstattunterricht fördert die Selbstständigkeit, Eigenverantwortung und Denkfähigkeit.
Die Kinder arbeiten aus einer intrinsischen Motivation heraus an ihrer Werkstatt. Nur was einen wirklich interessiert, bleibt lange im Gedächtnis. Es findet ein nachhaltiges Lernen statt. Die Schüler lernen, sich erforderliches Wissen selbst zu beschaffen.

› Offene Werkstätten ermöglichen ein individualisiertes Lernen.
Klassen, die bislang wenig selbstständig

lernen konnten, brauchen Zeit, das Selbst-
denken wieder zu lernen und sich in offenen Unterrichtsformen zurechtzufinden.
Das geht bei dem einen Kind natürlich
schneller als bei einem anderen.

Deshalb kann eine schrittweise Öffnung sinnvoll sein. Beginnen Sie z.B. mit einer themenorientierten Werkstatt, zunächst vielleicht mit
Stationen, dann mit einem Büfettmodell oder
Arbeitsplanmodell. Die nächsten Male organisieren Sie die Werkstatt offen, fächerübergreifend
und planen ein Überangebot mit ein, sodass die
Kinder wählen müssen.

Je sicherer Sie sich als Lehrkraft fühlen, desto
leichter wird es Ihnen fallen, eine Werkstatt mit
den Kindern gemeinsam zu planen.
Das Beste ist, wenn Schüler ab der 1. Klasse mit
offenen Unterrichtskonzepten aufwachsen.

Es wird jedoch immer Kinder geben, die mit
der gewonnenen Freiheit nicht gleich umgehen
können. Daher ist es wichtig, Vereinbarungen
und Regeln aufzustellen. Vor allem müssen
diese Kinder am Anfang besonders unterstützt
werden. Geben Sie bitte deshalb nicht gleich auf.
Es lohnt sich!

Wie bekomme ich die Eltern mit ins „Werkstatt-Boot"?

Wenn man sich als Lehrer bemüht, den Unterricht so zu gestalten, dass er den Anforderungen von heute und morgen gerecht wird, und zudem versucht, die pädagogischen Strukturen innerhalb einer Schule voranzubringen, so entfernt sich die Arbeit in der Schule immer weiter von dem, was Eltern in ihrer Schulbiografie kennengelernt haben.

Kein Erziehungsberechtigter möchte sein Kind als Versuchskaninchen für ein weiteres, neues und unerprobtes Unterrichtskonzept verstanden wissen – zu Recht.

Sie müssen also die neuen Unterrichtskonzepte den Eltern transparent machen. Laden Sie die Eltern zu Unterrichtshospitationen ein – öffnen Sie auch Ihren Klassenraum.

Missverständnisse und falsche Vorstellungen können Ihnen das Leben und den Unterricht unnötig erschweren. Mit der Übernahme einer neuen Klasse habe ich auf einem Elternabend immer erklärt, was ich vorhabe.

Erklären Sie den Eltern, warum Sie offen unterrichten werden, wie eine Werkstatt aufgebaut ist, dass deren Kinder erfolgreich lernen werden, selbstständig und eigenverantwortlich zu arbeiten.

Dies alles sind Eigenschaften, die die Kinder unbedingt für die weiterführenden Schulen, Ausbildung oder Studium brauchen. Selbstkompetenz und Sozialkompetenz sind ausschlaggebend für die Schullaufbahnempfehlung und die spätere Berufsfindung.

Außerdem fordert der Gesetzgeber (Erlass für die Arbeit in der Grundschule, curriculare Vorgaben) explizit einen schülerorientierten Unterricht. „Guter Unterricht" ist laut Gesetzgeber zu individualisieren und zu differenzieren.
Es gibt ausreichend Forschungsergebnisse, die diese Form von Unterricht legitimieren.

Versichern Sie, dass Sie die Lernstände der Kinder diagnostizieren und den Eltern die Entwicklung jederzeit aufzeigen können.

KAPITEL | <u>AUF EINEN BLICK</u>

- Arrangierte Werkstätten sollten ca. 20–30 fächerübergreifende Angebote beinhalten.

- Umfangreiche Angebote sollten nach und nach in den Unterricht eingebracht werden.

- Führen Sie ein Expertenprinzip ein.

- Von Kindern mitgeplante Werkstätten verbinden Lehrplanvorgaben und Schülerinteressen.

- Sie werden zum Moderator und Berater und haben mehr Zeit, sich der Diagnostik zu widmen.

- Offener Werkstattunterricht ist interdisziplinär, fördert die Selbstständigkeit, Eigenverantwortung, Denkfähigkeit und die Entwicklung eigener Lernstrategien.

- Es findet ein nachhaltiges Lernen statt, da die Kinder eine intrinsische Motivation entwickeln.

- Regeln schaffen Strukturen und damit wichtige Ankerpunkte für alle Beteiligten.

- Laden Sie nach Übernahme einer neuen Klasse die Eltern zu einem Informationsabend zum Thema „Werkstattunterricht" ein.

☑ Welche Regeln machen Sinn?

☑ Wozu braucht man Rituale?

☑ Wie bringe ich den Kindern bei, Ordnung zu halten?

☑ Welche Strukturen helfen dabei, mich zu entlasten?

☑ Warum sollen Kinder lernen, über ihre Leistungen zu reflektieren?

Regeln

Die Öffnung von Unterricht muss radikaler gedacht, aber auch besser strukturiert werden.

(Hans Brügelmann)

Damit offene Arbeitsformen nicht in dem immer wieder befürchteten Chaos enden, ist es entscheidend, mit den Schülerinnen und Schülern vorweg Vereinbarungen zu treffen.

Jede Lerngruppe, jedes einzelne Kind, jede Lehrkraft ist anders. Regeln sollten immer gemeinsam von allen Beteiligten erarbeitet und festgehalten werden.
Dabei sind Regeln keine starren Vereinbarungen, sondern immer wieder von der Gemeinschaft zu überprüfen, wenn sie sich als ungeeignet erweisen.

Regeln organisieren und strukturieren den Unterrichtsverlauf und sorgen so für ein Gefühl der Sicherheit bei Schülern und Lehrern.
Dabei ist es wichtig, dass diese für alle am Unterricht Beteiligten gelten – auch für die Lehrkraft.

Wichtig ist, auf das konsequente Einhalten der Regeln zu achten und vorher zu vereinbaren, welche Maßnahmen bei Nichteinhaltung erfolgen sollen. Dabei sollten Konsequenzen immer in einem angemessenen Sinnzusammenhang stehen.

Wer stört, muss z.B. in der nächsten Stunde alleine an einem Tisch sitzen. Es macht in meinen Augen keinen Sinn, dass das störende Kind dann z.B. für alle Bonbons mitbringen soll.

Diese Werkstattregeln können als Anregung dienen:

- Alle arbeiten an der Werkstatt.
- Ich lenke andere Kinder nicht ab.
- Ich renne nicht in der Klasse.
- Ich spreche im Flüsterton.
- Ich lese die Aufgabe zuerst selbstständig und aufmerksam durch.
- Wenn ich etwas nicht verstehe, frage ich zunächst ein anderes Kind/den Experten.
- Ich kontrolliere meine Arbeitsergebnisse selbstständig.
- Ich schreibe sauber und ordentlich.
- Ich lege entnommenes Material nach der Arbeit an seinen Platz zurück.

Diese Regeln sind lediglich Vorschläge. Je weniger notwendige Regeln vereinbart werden, desto leichter sind sie von allen einzuhalten. Keiner braucht z.B. eine „Nicht-rennen-Regel", wenn die Kinder ohnehin sehr diszipliniert sind. Weniger ist (wie so oft) mehr.

Rituale

Rituale sind in den Unterrichtsverlauf fest zu integrieren. Sie schaffen Sicherheit, da die Schüler genau wissen, wie der Unterricht anhand bestimmter Rituale abläuft und was als Nächstes zu tun ist. Auch hier sollen die Beispiele Anregungen darstellen.

▶ **Eine Werkstattstunde kann immer im Sitzkreis oder Sitzhalbkreis beginnen.** Dort besprechen Sie gemeinsam, woran Sie/die Kinder heute arbeiten möchten, was noch fertigzustellen ist, in welchen Bereichen es noch Fragen gibt oder führen ein neues Thema ein.

▶ **Eine Werkstattstunde kann auch im Sitzkreis enden.** Dort werden dann Arbeitsergebnisse besprochen, präsentiert und gewürdigt.

▶ **Sie können Ihr Amt als Moderator im Sitzkreis auch gern an einen Schüler abgeben.** Der Sitzkreismoderator des Tages kann dann eine Kappe, einen Button o.Ä. tragen.

Das Vortragen im Abschlusskreis ist bei den Schülern sehr beliebt und verschafft Ihnen einen Überblick über die erbrachten Leistungen.

➡ **Bei der Meldekette nehmen die Kinder sich nacheinander gegenseitig dran.** Sie reduzieren dadurch Ihren Sprechanteil und fördern die Selbstständigkeit der Schüler.

➡ **Die „freundlichen 10 Minuten"** ist ein Ritual, bei dem die Kinder reihum überlegen sollen, wer heute besonders nett und hilfsbereit zu ihnen war.

➡ **Schweigezeiten während der Arbeitszeit haben sich bewährt.** Es wird eine Zeitspanne mit den Kindern vereinbart (ca. 10–20 Minuten), in der keiner etwas sagen darf. Das bietet sich vor allem während Phasen an, in denen v.a. in Einzelarbeit an Aufgaben gearbeitet wird, die hohe Konzentration fordern. Zur Not können sich die Kinder mit Gestik und Mimik verständigen. Die Kinder spüren schnell, wie gut eine Phase der Stille tun kann.

➡ **Ein Klangstab, eine kleine Glocke oder andere akustische Signale helfen, für Aufmerksamkeit zu sorgen.** Wichtig ist hierbei, dass jedes Signal genau eine Bedeutung hat (z.B. „Arbeit kurz unterbrechen", „Es ist zu laut!" etc.) und konsequent eingesetzt wird. Ansonsten verliert es schnell seine Wirkung.

Ordnungs- und Strukturierungshilfen

Kinder übernehmen gerne unterrichtsproduktive Ämter. Damit sind Aufgaben gemeint, die das Lernen unterstützen und vorantreiben. Ihr Redeanteil reduziert sich dadurch spürbar. Wäre es nicht schön, wenn nicht immer Sie selbst auf Einhaltung der Regeln pochen müssten, sondern wenn dies Schüler übernehmen würden?

- **Der Leise-Chef** macht andere Kinder darauf aufmerksam, wenn durch diese der Unterricht gestört wird.
- **Der Sitzkreismoderator** leitet Reflexionsgespräche o.Ä.
- **Der Ordnungschef** überprüft, ob alle Materialien wieder an ihrem Platz sind, und erinnert ggf. Kinder daran, aufzuräumen.

Eine Werkstatt wird für alle übersichtlich durch:

- **Werkstattplakate**
  (Angebotsplakate mit Angebotsnummern)
- **Namensklammern**
  Diese können an den Werkstattplakaten dort befestigt werden, woran das Kind gerade arbeitet. Das schafft Verbindlichkeit.

Zum einen legt sich das Kind fest: Daran arbeite ich gerade. Das hilft beim Durchhalten und verhindert, dass Angebote immer wieder gewechselt und nicht konsequent zu Ende gearbeitet werden. Zum anderen wissen Sie auf einen Blick, woran Ihre Schüler gerade arbeiten.

➜ Symbolkarten
Diese weisen auf den Verbindlichkeitsgrad, die Kontrollformen und Sozialformen an den einzelnen Angeboten hin.

➜ Das Werkstattbuch
Dies ist eine schöne Möglichkeit für die Kinder, ihre Arbeitsergebnisse und Fragen zu dokumentieren. Es bleibt auch am Ende der Werkstatt erhalten. Das Hineinschreiben vertieft das Wissen.

➜ Regelplakate
Sie halten die getroffenen Vereinbarungen fest.

➜ Laufpass/Arbeitsplan
Dieser kann den Kindern einen Überblick darüber verschaffen, was sie bereits bearbeitet haben und was noch offen ist. Besprechen Sie mit den Kindern, dass es nicht darum geht, alles möglichst schnell abzuarbeiten. Laufpässe und Arbeitspläne helfen, die Angebote für die einzelnen

Kinder zu differenzieren, indem man je nach Leistungsstand den Laufpass/Arbeitsplan mit der entsprechenden Angebotsnummer versieht.

▶ Namensstreifen

Sie werden dort hingelegt, wo ein Kind Material entnommen hat. Das hat mehrere Vorteile. Das Kind weiß, wo es was entnommen hat, und legt es genau dort auch wieder zurück. Ist Material einmal nicht vorhanden, wissen alle, wer es hat. Andere Kinder können so fragen, ob sie es als Nächstes haben dürfen, und sich schon mal dafür anmelden. Der Ordnungsdienst weiß, wer das Material ggf. noch nicht zurückgeräumt hat.

▶ Die Eieruhr und die PC-Liste

Diese organisieren den Ablauf am PC. Die Schüler beschließen, wie lange jeder Einzelne am PC arbeiten darf. Dazu wird die Eieruhr gestellt. Braucht ein Kind einmal mehr Zeit, kann es dies im Sitzkreis morgens beantragen. Wer schon am PC gearbeitet hat, trägt sich in die PC-Liste ein, sodass alle einmal drankommen.

▶ Anforderungsniveau kennzeichnen

Die Angebote können z.B. mit farbigen Klebepunkten kennzeichnet werden.

Hierzu bekommen die Angebote mit einem hohen Anforderungsniveau einen roten Punkt, die mit mittlerem Anforderungs- niveau einen gelben und die mit einem leichten Anforderungsniveau einen grünen Punkt. Die Kinder lernen dadurch, ihr Leistungsvermögen selbst einzuschätzen. Einige trauen sich dann auch irgendwann einmal die schwierigeren Aufgaben zu. Es gibt jedoch auch Kinder, die sich immer das Material aus dem grünen Bereich aus- suchen, obwohl sie viel mehr leisten könn- ten. Mit denen vereinbaren Sie dann am besten ein für sie geeignetes Anforderungsniveau.

▶ Die Kontrollkiste

Sie ist ein Ablagekorb o.Ä, in welchen die Kinder Arbeiten legen, die nicht von den Chefs/Experten oder durch die Selbstkon- trolle überprüft werden können.

▶ Das Beschwerdebuch

Darin werden Beschwerden aller Art ein- getragen, die während des Unterrichts- verlaufs nicht so schnell zu klären sind. Sie werden dadurch nicht vergessen, können zu einem späteren Zeitpunkt besprochen werden und stören so das Unterrichtsgeschehen nicht.

Reflexionsformen

Um das selbstständige Arbeiten zu lernen und sich selbst Ziele setzen zu können, muss den Kindern bewusst gemacht werden, wo sie stehen, wie sie sich im Unterricht und gegenüber ihren Mitschülerinnen und Mitschülern verhalten. **Nur was einem bewusst ist, kann man ändern. Reflektieren muss man üben und lernen.** Oft tun sich die Kinder am Anfang schwer. Sie werden aber schnell merken, wie gut Kinder sich selbst einschätzen können und wie präzise sie Probleme formulieren können, wenn sie merken, dass sie alles offen aussprechen dürfen.

Dazu ist es wichtig, zu vereinbaren, dass man mit dem, was man sagt, den anderen nicht verletzen darf. Es geht darum, konstruktive Kritik an der Arbeit anderer zu üben. Dazu können die Kinder anderen Tipps geben.

Legen Sie einen Pappkreis in die Mitte des Sitzkreises, auf dem steht: „Das hat mir besonders gut an deiner Arbeit gefallen." und „Ich habe noch einen Tipp für dich." Damit bekommen die Präsentierenden eine positive Rückmeldung und einen Tipp. Die Kinder können jetzt überlegen, ob sie diesen Tipp annehmen möchten oder nicht. Die Kinder lernen dabei, konstruktive Kritik auszuhalten und es nicht persönlich zu nehmen.

So fördern Sie die emotionale Kompetenz Ihrer Schüler.

Weitere Reflexionsformen:

▶ **Die Reflexionswaage**

Eine mechanische Waage wird mit jeweils einer Aussage auf einer Schalenseite beklebt. Darauf kann z.B. stehen: „Ich habe heute gut gearbeitet, ohne andere zu stören." und „Ich habe heute nicht so gut gearbeitet." Die Kinder legen nun Glassteine auf die Waagschalenseite, der sie sich zuordnen möchten.

Die Waage schlägt dann zu einer Seite aus und zeigt optisch, wie der Tag, die Stunde oder die Woche verlaufen ist. Das Ergebnis bleibt während der ganzen Reflexionsphase erhalten.

▶ **Die Reflexionspizza**

Schneiden Sie einen Kreis von ca. 50 cm Durchmesser aus. Diesen halbieren, dritteln oder vierteln Sie durch aufgemalte Linien. In jedem Pizza-Stück stehen Aussagen, z.B.: „Ich habe heute sehr sauber und ordentlich gearbeitet.", „Ich habe heute nicht so ordentlich gearbeitet.", „Ich habe noch eine Frage."

Auch hier finden Sie wechselnde Themen, die für Ihre Lerngruppe relevant sind.

Malen Sie evtl. ein paar Salami-, Tomaten-, Käsescheiben auf die Reflexionspizza. Das motiviert die Kinder noch mehr. Auch hier verorten sich die Kinder wieder mit Glassteinen.

▶ Das Reflexionsglas
Dieses hat eine vorher vereinbarte Füllhöhe, die am Ende der Woche erreicht sein muss. Die Kinder legen nach jeder Stunde oder am Ende der Woche, entsprechend ihrer Einschätzung des Erfolgs, einen, zwei oder drei Steine in das Glas. Auch hier lässt sich der gemeinsame Erfolg gut ablesen und diskutieren.

▶ Die Daumenmethode
Sie eignet sich gut, wenn Ihnen mal wieder die Zeit wegrennt. Daumen hoch heißt: „Ich bin sehr zufrieden.", Daumen in der Waagerechten heißt: „Ich bin mäßig zufrieden.", Daumen runter heißt: „Ich bin nicht zufrieden." Wichtig ist es, zu besprechen, warum das eine oder andere gut oder nicht so gut geklappt hat. Zwingen Sie kein Kind dazu, sich zu äußern, ermutigen Sie es aber jede Stunde wieder aufs Neue.

Beenden Sie jede Reflexionsrunde möglichst mit einer positiven Aussage. Das zuletzt Gesagte bleibt am besten im Gedächtnis!

- Damit offene Arbeitsformen nicht in dem befürchteten Chaos enden, benötigen Sie Regeln, Rituale und klare Strukturen.

- Achten Sie auf das konsequente Einhalten der Vereinbarungen von allen Beteiligten.

- Bei Nichteinhalten der Vereinbarungen müssen sinnvolle Konsequenzen folgen.

- Je weniger benötigte Regeln, desto besser. Diese sollten dann aber einfach und sinnvoll sein.

- Regeln, Rituale und Struktur entlasten die Lehrkraft und sorgen für einen weitestgehend reibungslosen Ablauf.

- Die Schüler werden durch die von ihnen übernommenen Aufgaben selbstständiger.

- Schauen Sie, was zu Ihrer Lerngruppe passt. Reflektionsformen machen den eigenen Leistungsstand und das eigene Verhalten bewusst.

- Nur was einem bewusst ist, kann man ändern.

- Kinder müssen lernen, konstruktiv zu kritisieren. Dabei darf niemand verletzt werden.

- Kinder lernen durch die wiederkehrenden Reflektionen, konstruktive Kritik auszuhalten.

- Reflexionen fördern die emotionale Kompetenz.

- Besprechen Sie die Reflexionsergebnisse.

- Beenden Sie Reflexionsphasen immer positiv.

☑ Woher weiß ich, dass die Kinder etwas lernen?

☑ Wie beweise ich den Eltern, dass ihre Kinder sich im Werkstattunterricht weiterentwickelt haben?

Woher weiß ich, dass die Kinder etwas lernen?

Vor Beginn einer Werkstatt ist es wichtig, in Erfahrung zu bringen, was die Kinder bereits wissen und können. So können Sie regelmäßig den Lernzuwachs messen. Des Weiteren werden so die Bereiche ermittelt, in denen das Kind gefördert werden muss.

Gute Erfahrungen habe ich mit Selbsteinschätzungsbögen für Eltern und Schüler gemacht. Es macht Sinn, die Eltern den gleichen Fragebogen ausfüllen zu lassen wie die Kinder (unabhängig voneinander!).
So bekommen Sie einen Eindruck davon, wie die Eltern die Leistungen ihrer Kinder einschätzen und ob es große Differenzen zwischen der Kinder-, der Eltern- und der Lehrer-Einschätzung gibt. **Die Bögen vermitteln den Kindern und Eltern einen Einblick darüber, welche Bereiche besonders wichtig sind und woran noch gearbeitet werden muss.**

Einen Fragebogen zum Thema Selbstkompetenz habe ich an die Selbsteinschätzungsbögen von Dr. Falko Peschel angelehnt. Dieser soll als Beispiel dienen und lässt sich ähnlich auch für jeden anderen Kompetenzbereich bzw. jedes andere Fach konzipieren:

Das kann ich …	schon gut	ein wenig	noch nicht	finde ich nicht wichtig
Ich kann selbst eine gute Aufgabe für mich finden.				
Ich kann mir selbst die Sachen für meine Arbeit besorgen.				
Ich weiß, was ich schon kann und woran ich noch arbeiten muss.				
Ich kann andere fragen, wenn ich etwas wissen will.				
Ich kann mich auch länger mit einer Sache beschäftigen.				
Ich arbeite sauber und genau.				
Ich lasse mich beim Arbeiten nicht dauernd von anderen ablenken.				

Ich kann ruhig arbeiten, ohne zu stören.				
Ich stelle die Sachen, die ich brauche, an den richtigen Platz zurück.				
Ich kann meinen Arbeitsplatz und die Klasse sauber halten.				

Erstellen Sie die Fragebögen individuell nach Ihren Anforderungen.

Diese Selbsteinschätzungsbögen sind eine hervorragende Grundlage für Elterngespräche, zu denen ich auch immer die Schüler einlade.

Ich finde es wichtig, dass alle Beteiligten zusammen an einem Tisch sitzen und dasselbe zur gleichen Zeit hören.

Überprüfungsmöglichkeiten und diagnostisches Material gibt es eine ganze Menge auf dem Markt. Hierzu finden Sie im Literaturverzeichnis einige gute Hinweise.

Im Fach Deutsch, zur Überprüfung der Rechtschreibfähigkeit, habe ich gute Erfahrungen mit der Bilderliste von Dr. Lisa Dummer-Schmoch und der Hamburger Schreibprobe von Peter May gemacht.

Anhand von frei geschriebenen Texten der Kinder lässt sich immer gut verdeutlichen, welche Rechtschreibregeln das Kind schon verinnerlicht hat.

Gute Ideen zur Überprüfung der Leistungsstände in Mathematik bieten Christoph Selter und Hartmut Spiegel.

Dadurch, dass Sie im Werkstattunterricht schon vieles durch gute Organisation und Strukturen vorentlastet haben, können Sie während des Unterrichtsgeschehens die Entwicklungsstände einzelner Kinder auf Karteikarten notieren.

Nehmen Sie sich die Zeit, und beobachten Sie pro Tag wenige, ausgewählte Kinder fünf Minuten bei ihrer Arbeit. Notieren Sie sich Ihre Beobachtungen.

So sind Sie immer auf dem Laufenden, können gezielt fördern und den Eltern immer Auskunft über die Lernstände ihres Kindes geben.

KAPITEL 6 | <u>AUF EINEN BLICK</u>

- Diagnostizieren Sie vorher, zwischendurch und am Ende einer Werkstatteinheit.

- Selbsteinschätzungsbögen können individuell von Ihnen erstellt werden.

- Selbsteinschätzungsbögen schaffen Transparenz hinsichtlich zu erreichender Ziele.

- Lernstandsüberprüfungen belegen den fachlichen Lernzuwachs.

- Nehmen Sie sich jeden Tag für drei Kinder fünf Minuten Zeit, und notieren Sie die Entwicklungsstände auf Karteikarten.

- Mit den Selbsteinschätzungsbögen und Lernstandserhebungen können Sie den Eltern genau belegen, wie sich ihr Kind entwickelt hat, diese gezielt beraten und Kinder individuell fördern.

☑ Wie sieht Werkstattunterricht in der Praxis wirklich aus?

☑ Wie kann eine Stunde im Werkstattunterricht verlaufen?

☑ Wie kann ich eine Einheit strukturieren?

Werkstattunterricht in der Praxis

„Papier ist geduldig." Das ging mir im Studium ständig durch den Kopf. Ich habe Bücher über Bücher gelesen und wollte dann irgendwann wissen, wie offener Unterricht in der Praxis aussieht, ob das wirklich funktioniert. Dabei stieß ich auf die Bücher von Falko Peschel ...

Nach einer kurzen Anfrage lud er mich in die Grundschule Harmonie nach Köln ein, um offenen Unterricht in der Praxis zu erleben. Diese Hospitation war für mich mein Schlüsselerlebnis, das mich endgültig davon überzeugte, dass offener Unterricht kein „Laissez-faire" bedeutet. **Mir wurde bewusst, zu welchen Leistungen Kinder fähig sind, wenn man den Unterricht öffnet und gut strukturiert.**

Zurzeit arbeite ich nach dem offenen Werkstattprinzip im 3. Schuljahr einer Integrationsklasse der Grundschule Tostedt.
Angefangen habe ich mit dem Werkstattunterricht in einer 1. Klasse der Grundschule am Sachsenhain in Verden, mit 28 Kindern, in einem nicht allzu großen Klassenraum.
Gegebenheiten, bei denen ich mich fragen musste, ob das überhaupt funktionieren konnte. Es funktionierte ...

Planung und Realisierung

Je nach Anteil der zu unterrichtenden Fächer in einer Klasse baue ich die Werkstatt anders auf. In der 1. Klasse, in der ich lediglich das Fach Deutsch unterrichte, war es mir nicht möglich, fächerübergreifend zu unterrichten.
Deshalb begann ich damit, die Lernumgebung als themenorientierte Werkstatt aufzubauen …

In dieser Lernwerkstatt Deutsch sind alle für das 1. Schuljahr relevanten Lernbereiche vertreten.
Dies sind in erster Linie, unter Berücksichtigung des Kerncurriculums und des schulinternen Arbeitsplans, die Bereiche Schreiben und Lesen.

Für einen erfolgreichen Schriftspracherwerb ist die Förderung der phonologischen Bewusstheit entscheidend. Diese wird unter anderem durch die Auseinandersetzung mit Reimen, der Segmentierung von Silben und der Buchstabenkenntnis geschult. Auch der von den Eltern auf dem vorangegangenen Elternabend geäußerte Wunsch, die Lernwerkstatt um Diktate zu erweitern, wurde von mir (in Form von Dosendiktaten, Indianer-Diktaten, Partnerdiktaten etc.) berücksichtigt.

Da zu Beginn des 2. Schuljahres die Abfolge des Alphabets im schulinternen Arbeitsplan vermerkt ist und zur Vorbereitung auf die Wörterbucharbeit dient, habe ich Material zu diesem Thema bereitgestellt.

Organisiert ist das Werkstattangebot als Büfettmodell. Es wurde um Ideen des offenen Werkstattunterrichts, wie z.B. ein Werkstattplakat und das Expertenprinzip, erweitert.

Die Werkstatt ist aus Platzgründen in dem Deutsch-Regal untergebracht und konnte nicht über den ganzen Klassenraum verteilt werden.

Der Vorteil ist, dass die Materialien immer am gleichen Platz stehen und ständig verfügbar sind. Die Kinder gewinnen dadurch Sicherheit und kennen sich gut in ihrer Werkstatt aus.
Der Nachteil ist, dass nicht alle Kinder gleichzeitig an das Regal können und dieser Ablauf speziell organisiert werden muss, indem die Kinder nach und nach aus dem Sitzkreis gehen.

Die gesamte Werkstatt umfasst über 40 verschiedene Angebote aus den o.g. Lernbereichen, aus denen die Kinder selbstständig wählen können. **In jedem Lernbereich sind die Angebote differenziert und für die Schüler entsprechend ihrem Anspruchsniveau mit grünen, gelben oder roten Punkten gekennzeichnet.** Des Weiteren werden unterschiedliche Zugänge sowie Lernformen und Arbeitstechniken berücksichtigt.

Die Aufgaben sind mit einem Arbeitsauftrag bzw. einer Beschreibung zu den Bearbeitungsmöglichkeiten versehen.

Dabei habe ich darauf geachtet, dass diese altersgerecht formuliert und möglichst ohne fremde Hilfe zu verstehen sind. Für Fragen, die dennoch entstehen, gibt der jeweilige Experte Hilfestellung.

Die Kinder erklären sich nach und nach dazu bereit, ein Angebot zu betreuen, wenn sie sich mit diesem besonders gut auskennen. Dazu kleben sie ihr Foto zu dem jeweiligen Angebot und sind somit Ansprechpartner.

Die meisten Angebote sind mit der Möglichkeit zur Selbstkontrolle versehen. Es gibt allerdings Angebote, bei denen dies nicht möglich ist.

Beim freien Schreiben werden die Ergebnisse kontrolliert, indem die Vereinbarung besteht, sie einem anderen Kind vorzulesen, bevor man sich entschließt, diese im Kreis zu präsentieren. **Im Abschlusskreis erhalten die Kinder eine Rückmeldung von ihren Mitschülern zu ihren Texten, wodurch auch Sie als Lehrkraft sich über die Ergebnisse informieren können**.

Die Texte werden dann an der Autorenwand präsentiert und bleiben dort für alle lesbar hängen.

Für Arbeitsblätter ohne Kontrollmöglichkeit steht eine Kontrollkiste bereit, in welche die Kinder ihre Arbeiten legen und am nächsten Tag von Ihnen kontrolliert und kommentiert zurückerhalten.

Auch beim Lesen von Heften und Büchern findet eine Kontrolle während der Arbeitsphase und im Abschlusskreis statt, indem Kinder über ihr Buch berichten und Teile daraus vortragen. Der Lesepass dokumentiert, wie viele Hefte gelesen wurden.

Die Sozialformen sind zum größten Teil frei wählbar. Ausnahmen bestehen z.B. beim Computer und einigen Spielen, die man nur allein oder zu zweit bearbeiten kann. Den Kindern wird dies durch Hinweise auf dem Werkstattplakat bzw. Angebot verdeutlicht.

Die Werkstattplakate organisieren den Ablauf der Stunde und sorgen für Transparenz. So wissen Sie, welches Kind an welchem Angebot arbeitet. Ebenso können andere Kinder sehen, bei wem das Angebot gerade ist, dass sie als Nächstes nutzen wollen, oder können fragen, ob sie mitarbeiten dürfen.

Durch die Namensklammer, die am Plakat am jeweiligen Angebot befestigt werden muss, wird ihre Entscheidung noch einmal optisch veranschaulicht und verbindlich gemacht.

Es ist auch möglich, sich für ein Angebot vorzumerken, indem das Kind seine Namensklammer an den Bereich „Daran arbeite ich als Nächstes" heftet.

Entscheidet sich ein Kind für ein neues Angebot, so heftet es seine Klammer um. Wenn jemand sich entschließt, im Abschlusskreis etwas zu präsentieren, heftet er seine Namensklammer an den Bereich „Ich möchte heute etwas im Kreis vortragen".

Die Lernbereiche auf dem Plakat sind farblich genauso gegezeichnet wie die Lernbereiche im Deutsch-Regal, sodass eine schnelle und unkomplizierte Zuordnung am Plakat sowie ein leichtes Finden der Angebote im Regal möglich ist.

Für jedes Kind sind vier Namensklammern vorhanden. Eine für das Werkstattangebot, eine für „Ich möchte etwas vortragen", eine für Vormerkungen und eine für das Plakat „Ich habe schon am PC gearbeitet".

Die Zeit am PC ist auf zehn Minuten begrenzt, damit möglichst viele Kinder am Computer arbeiten können. (Die Zeit hängt natürlich davon ab, wie viele PCs Sie zur Verfügung haben.) Als Zeitwächter fungiert eine Eieruhr. Die Kinder, die in dieser Stunde am PC arbeiten dürfen, werden zuvor im Sitzkreis benannt.

Die Namensklammern befinden sich dann zur Kontrolle über dem PC an einem Schild. Ist die Zeit für das erste Kind vorbei, heftet es seine Klammer an das PC-Plakat „Ich habe schon am PC gearbeitet" und sagt dem nächsten Kind auf dem Schild Bescheid. Braucht ein Kind länger Zeit am PC, um z.B. seinen Text abzutippen, kann es diese im Sitzkreis beantragen.

Zusätzlich gibt es einen Namensstreifen für jedes Kind, welches es dort hinterlässt, wo es Material im Regal entnommen hat. Dies organisiert das schnelle und ordentliche Wieder-Wegräumen der Materialien zum Ende der Stunde.

Die Werkstatt ist als durchgängiges Unterrichtsprinzip angelegt.
Das im schulinternen Arbeitsplan verankerte Lehrwerk habe ich auf dem Werkstattplakat mit aufgenommen, sodass eine Seite des Arbeitsheftes als ein von allen zu bearbeitendes Fundamentum in einzelnen Stunden gilt und die Werkstattangebote ein Additum sind.

Der exemplarische Ablauf einer Stunde

Zeit ca.	Interaktion
5–10 Minuten Sitzkreis	Besprechen Sie mit den Kindern im Sitzkreis, woran sie arbeiten können/sollen. Die Kinder, die schon wissen, woran sie arbeiten möchten, stehen nach und nach auf und suchen sich ihre Materialien aus dem Werkstattregal. Die anderen suchen mit Ihnen gemeinsam nach einer Aufgabe.
20–30 Minuten Arbeit an der Werkstatt	Die Kinder suchen sich die Materialien, die sie für ihre Arbeit benötigen, und beginnen damit, nachdem sie ihre Namensklammer am Werkstattplakat befestigt haben. Ihren Namensstreifen legen die Schüler an die Stelle im Regal, an der sie Material entnommen haben. Wer etwas vortragen möchte, klemmt eine Klammer an den Werkstattplan („Ich möchte heute etwas vortragen").
10–15 Minuten Aufräumen Präsentation Reflexion	Gemeinsames Aufräumen. Die Kinder präsentieren ihre Arbeitsergebnisse im Sitzkreis. Mitschüler geben Tipps für die Weiterarbeit und loben Gelungenes. Gemeinsames Reflektieren der Stunde mit Hilfe der Reflexionspizza.

Wie kann ich eine Einheit strukturieren?

In der ersten Sequenz steht das Ausfüllen des Selbsteinschätzungsbogens im Vordergrund. Durch das Besprechen der einzelnen Punkte wird den Kindern verdeutlicht, welche Erwartungen an sie gestellt werden.

Treffen Sie mit den Kindern Vereinbarungen, die wichtig für ihr Lernen und das Zusammenleben in der Schule sind. Das Ausfüllen in der Schule verhindert auch die mögliche Einflussnahme von außen. Dies ist wichtig, da die Kinder sich aus ihrem eigenen Empfinden heraus einschätzen sollen. Für Kinder einer 1. Klasse ist dies eine anspruchsvolle Aufgabe. Kindern, denen dies Schwierigkeiten bereitet, helfe ich durch möglichst wertfreie Hinweise auf Unterrichtssituationen beim Ausfüllen des Bogens.

Des Weiteren führe ich zu Beginn der Einheit immer ein diagnostisches Verfahren (z.B. die Bilderliste von Lisa Dummer-Schmoch) durch, um die Lernstände des einzelnen Kindes zu erheben.

In der zweiten Sequenz stehen das Einführen in die Organisation und die Angebote im Vordergrund.

Hierzu werden die Werkstattplakate mit den Angeboten im Werkstattregal verglichen. Einige Angebote kennen die Kinder schon aus vorangegangenen Stunden. Die neuen Angebote können Sie nun besprechen.

Erklären Sie die Verwendung der Namensklammern und deren alphabetisches Ordnungssystem. Besprechen Sie außerdem gemeinsam wichtige Regeln.

Dem folgt in der dritten Sequenz das Arbeiten in der Werkstatt. Zunächst erhält jedes Kind ein speziell ausgewähltes Angebot, das dem jeweiligen Leistungsstand des Kindes entspricht. Die Schüler sollen sich zunächst nur auf den Ablauf und die Organisation in der Werkstattarbeit konzentrieren und lernen Ordnungsprinzipien einzuhalten, um in diesem Bereich Sicherheit zu gewinnen.

Die selbstständige Auswahl der Angebote aus einem Lernbereich steht im Fokus der vierten Sequenz.

In dieser Phase zeigt sich oft sehr schnell, dass die meisten Schüler genau wissen, woran sie arbeiten wollen. **Beraten Sie Kinder, die Schwierigkeiten haben, sich für ein Angebot zu entscheiden.**

Kinder, bei denen zu erkennen ist, dass sie in einem Bereich noch gefördert werden müssen, erhalten zu Beginn der Stunde einen gezielten Arbeitsauftrag aus dem Werkstattangebot und können danach frei wählen. Dies ist notwendig, da es für viele Kinder sehr schwierig ist, ihren eigenen Förderbedarf zu erkennen. So stellen Sie sicher, dass alle wichtigen Bereiche gefördert werden.

Den Abschluss der Einheit bildet das nochmalige Ausfüllen des Selbsteinschätzungsbogens durch die Schüler. Dies verdeutlicht den Kindern, den Eltern und mir als Lehrkraft Lernfortschritte und dokumentiert diese. Ebenso müssen auch immer wieder Lernstandsüberprüfungen stattfinden.

Exemplarische Gliederung einer Einheit

Sequenz	Inhalt der Sequenz
Selbsteinschätzungsbögen und Lernstandsanalysen (ca. 2–3 Stunden)	Ausfüllen des Selbsteinschätzungsbogens durch die Schüler und Eltern – möglichst unabhängig voneinander. Fachlich geeignete Lernstandsanalysen.

Einführung in die Werkstatt (ca. 2 Stunden)	Besprechung der Organisation und Einführung in die einzelnen Angebote der Werkstatt. Erarbeitung von Regeln zur Arbeit. Die Schüler lernen Ordnungs- und Organisationsprinzipien der Werkstattarbeit kennen und vereinbaren mit der Lehrkraft Regeln für die Arbeit in der Werkstatt.
Angeleitetes Arbeiten in der Werkstatt (ca. 4 Stunden)	Die Schüler sollen ihre Kenntnisse bezüglich der Abläufe im Werkstattunterricht festigen. Sie bearbeiten ein für sie ausgewähltes Angebot selbstständig.
Selbstständiges Arbeiten in der Werkstatt (nach Ermessen der Lehrkraft und Umfang der Werkstatt)	Selbstständiges Auswählen und Bearbeiten von Werkstattangeboten. Die Schüler arbeiten weitestgehend ohne Hilfe und Vorgaben der Lehrkraft in der Werkstatt und halten dabei die Vereinbarungen und Regeln ein.
Selbsteinschätzungsbögen und Lernstandsanalysen (alle 3–4 Wochen oder nach eigenem Ermessen)	Nochmaliges Ausfüllen der Selbsteinschätzungsbögen und Lernstandsüberprüfungen.

- Je nach Anteil der Fächer, die Sie in einer Lerngruppe unterrichten, können Sie sich für eine themenorientierte oder eine offene, fächerübergreifende Werkstatt entscheiden.

- Überlegen Sie, ob es eine zeitlich begrenzte Einheit sein soll oder ein durchgängiges Unterrichtsprinzip.

- Die Werkstattangebote werden an den curricularen Vorgaben und schulinternen Arbeitsplänen der Fächer ausgerichtet.

- Überlegen Sie, wo und wie viel Platz Sie im Klassenraum zur Verfügung haben.

- Eine klare Strukturierung und Organisation der Werkstatt schafft Transparenz für Schüler und Lehrer und entlastet Sie im Unterrichtsalltag.

- Führen Sie vor Beginn, ggf. zwischendurch und am Ende Lernstandsanalysen durch.

- Erarbeiten Sie gemeinsam mit Ihren Schülern Regeln und Vereinbarungen.

- Erteilen Sie Ihren Schülern zunächst gezielt Arbeitsaufträge. Dann können Sie nach und nach individuell den Unterricht öffnen.

Rückblick

Rückblickend bin ich sehr froh, dass ich das Wagnis „Offener Werkstattunterricht" eingegangen bin, und möchte Ihnen an dieser Stelle Mut machen, es auch zu wagen.

Am Anfang war ich hauptsächlich damit beschäftigt, Hilfestellung bei organisatorischen Fragen zu leisten oder an Vereinbarungen zu erinnern. Die Entwicklung war ein Prozess und erforderte von mir als Lehrkraft, anfängliche Unruhe aushalten zu können, Vertrauen in die Kinder zu haben, Geduld mitzubringen und konsequent an die Vereinbarungen zu erinnern.

Wichtig ist, loslassen zu können und die Angst vor dem Kontrollverlust zu überwinden. Kinder haben eine starke Affinität zu offenen Arbeitsformen. Immer wenn es heißt, dass Werkstattunterricht auf dem Plan steht, zeigen die Kinder ihre Motivation durch ein lautes: „Juhu, Werkstatt!".

Ich habe immer wieder erstaunliche Veränderungen an den Kindern feststellen können. Kinder, die mit Lernblockaden zu kämpfen hatten, schafften es, sich mit einem selbstgewählten Thema ausdauernd auseinanderzusetzen. Kinder, die im Regelunterricht häufig störten, waren plötzlich in ihre Arbeit versunken.

Leistungsschwache Schüler schauten sich bei ihren Mitschülern einiges ab und begannen mit deren Hilfe, plötzlich ganze Sätze zu schreiben. Das dadurch gewonnene Selbstvertrauen steigerte auch ihre Gesamtleistung.

Durch das Expertenprinzip steigerten die Kinder ihre sprachliche sowie soziale Kompetenz. Die Selbstwahrnehmung und Reflexionsfähigkeit entwickelten sich durchgängig positiv. Die Kinder übernahmen Verantwortung für ihr Lernen und für ihre Mitschüler.
Alle Kinder steigerten ihr Konzentrations- und Durchhaltevermögen sowie ihre Denkfähigkeit.

Die Schüler machten in allen Kompetenzbereichen (Selbst-, Sozial-, Methoden- und Fachkompetenz) erstaunliche Fortschritte.

Ich hoffe, dass ich Sie neugierig auf den Werkstattunterricht machen konnte, und wünsche Ihnen viel Freude an den kleinen und großen Erfolgen Ihrer Schüler.

Sabine Darboven

Medientipps

Schul- und Unterrichtsentwicklung:

Bauer, R. (2001):
Schule als Lebens- und Lernort gestalten.
Cornelsen Scriptor Verlag. Berlin.

Brügelmann, H. (2005):
Schule verstehen und gestalten.
Libelle Verlag. Konstanz.

Maurer, H.–P.; Gurzeler, B. (2007):
**Handbuch Kompetenzen. Permanente und
gezielte Kompetenzbildung.**
Hep. Verlag. Bern.

Peschel, F. (2003):
**Offener Unterricht. Idee, Realität, Perspektive und
ein praxiserprobtes Konzept in der Evaluation. Teil I.**
Schneider Verlag Hohengehren. Baltmannsweiler.

Peschel, F. (2005):
**Offener Unterricht. Idee. Realität. Perspektive
und ein praxiserprobtes Konzept zur Diskussion.
Teil 1: Allgemeindidaktische Überlegungen.**
Schneider Verlag Hohengehren. Baltmannsweiler.

Reichen, J. (1991):
Sachunterricht und Sachbegegnungen.
Reihe Mensch und Umwelt. Sabe Verlag. Zürich.

Riegel, E. (2004):
**Schule kann gelingen. Wie unsere Kinder wirklich
fürs Leben lernen.**
Fischer Verlag. Frankfurt am Main.

Spitzer, M. (2002):
Lernen. Gehirnforschung und die Schule des Lebens.
Spektrum Verlag. Heidelberg/Berlin.

Wiater, W.; Dalla Torre, E.; Müller, J. (2002):
Werkstattunterricht. Theorie-Praxis-Evaluation.
Schriften der philosophischen Fakultät der
Universität Augsburg Nr. 68. Ernst Vögel Verlag.
München.

Diagnostisches Material:

Barth, K.–H.; Gomm, B. (2008):
**Gruppentest zur Früherkennung von Lese-
und Rechtschreibschwierigkeiten.**
Reinhard Verlag. München.

Dehn, M.; Hüttis-Graff, P. (2006):
**Zeit für die Schrift II. Beobachtungen und Diagnose.
Schulanfangsbeobachtungen. Lernbeobachtungen
Schreiben und Lesen. Lernhilfen.**
Cornelsen Scriptor Verlag. Berlin.

Dummer-Schmoch, L. Dr. (1993):
**Die diagnostischen Bilderlisten. Siebungsverfahren
zur Früherkennung von Leselernschwierigkeiten
im Leselernprozess. Handanweisungen.**
Veris Verlag. Kiel.

Martschinke, S.; Kirschhock, E.–M.; Frank, A. (2005):
**Diagnose und Förderung im Schriftspracherwerb.
Band 1. Der Rundgang durch Hörhausen. Erhe-
bungsverfahren zur phonologischen Bewusstheit.**
Auer Verlag. Donauwörth.

May, P. (1998):
Hamburger Schreibprobe. HSP. Diagnose ortho-graphischer Kompetenz. Zur Erfassung der grundlegenden Rechtschreibstrategien mit der Hamburger Schreibprobe.
Verlag für pädagogische Medien. Hamburg.

Scherer, P. (1999):
Vorkenntnisse, Kompetenzen und Schwierigkeiten im 20er-Raum. Aufgaben für ein diagnostisches Interview. In: Selter, Schipper: Offener Mathematik-unterricht: Arithmetik II.
Seelze: Friedrich Verl. 2001, S. 100–103. oder in: Die Grundschulzeitschrift 121/1999.

Selter, C. (1995):
Zur Fiktivität der ‚Stunde Null' im arithmetischen Anfangsunterricht. In: Mathematische Unterrichts-praxis. Zeitschrift für den Mathematikunterricht an Grund- und Hauptschulen. 2/1995.

Testzentrale Göttingen (2010):
Vorschultests, Schultests, Förderprogramme.
Göttingen.

Zeitschriften:

Bucher, M.; Gresser, F. (2009):
Über das Klassenzimmer hinaus: Offener Unter-richt als Schulkonzeption. Konzept- und Konzept-entwicklung. Gestaltung der Lernumgebung.
In: Pädagogik 4.09. Offenen Unterricht weiterent-wickeln. Nr. 61. Jahrgangsheft 4.

Goldfuß, J. W. (2008):
Schlüsselqualifikationen. Das kann man lernen.
In: Die Zeit Campus. 06/2008.

Internetseiten[*]:

www.testzentrale.de
vs-material.wegerer.at
www.4teachers.de

CD-ROM:

SCHUBI PIC 1. Verlag SCHUBI-Lernmedien.
1000 Cliparts und Bilder zum Erstellen von
Lernmaterial und zur Unterrichtsvorbereitung.

Werkstätten:

Stephanie Cech-Wenning:
Die Luft-Werkstatt.
Kl. 1–4, Verlag an der Ruhr, 2010.
ISBN 978-3-8346-0697-6 (Kl. 1/2)
ISBN 978-3-8346-0698-3 (Kl. 3/4)

Katrin Schüppel:
Afrika – eine Projekt-Werkstatt.
Kl. 3–4, Verlag an der Ruhr, 2010.
ISBN 978-3-8346-0622-8

*Die in diesem Werk angegebenen Internetadressen haben
wir geprüft (Stand Februar 2011). Da sich Internetadressen
und deren Inhalte schnell verändern können, ist nicht aus-
zuschließen, dass unter einer Adresse inzwischen ein ganz
anderer Inhalt angeboten wird. Wir können daher für die
angegebenen Internetseiten keine Verantwortung übernehmen.*

Notizen

Notizen

Notizen

Verlag an der Ruhr

45422 Mülheim an der Ruhr | www.verlagruhr.de
Tel.: 030/89 78 52 35 | Fax: 030/89 78 55 78
E-Mail: bestellungen@cornelsen-schulverlage.de
Es gelten die Preise auf unserer Internetseite.

Pocket-Ratgeber Schule
**Kooperatives Lernen
– kooperativer Unterricht**
Cordula Hoffmann
Für alle Schulstufen, 80 S.,
10 x 16 cm, Paperback, zweifarbig
ISBN 978-3-8346-0692-1
Best.-Nr. 60692
7,90 € (D)/8,10 € (A)/12,80 (CHF)

Pocket-Ratgeber Schule
**Wochenplanarbeit
in der Grundschule**
Alexandra Ferrary
Klasse 1–4, 88 S., 10 x 16 cm,
Paperback, zweifarbig
ISBN 978-3-8346-0693-8
Best.-Nr. 60693
7,90 € (D)/8,10 € (A)/12,80 (CHF)

Pocket-Ratgeber Schule
Antistress-Training für Lehrer
Gerlinde Böpple
Für alle Schulstufen, 88 S., 10 x 16 cm,
Paperback, zweifarbig
ISBN 978-3-8346-0690-7
Best.-Nr. 60690
7,90 € (D)/8,10 € (A)/12,80 (CHF)